Kaksisuuntainen peili

Rami Laine

*Kaksi*suuntainen peili

Runomital(l)inen

SYDÄNTEN TOHTORI

Hymysi on hellitty
 kestävä.

Vaan hammaskorusi välähdys
 leimahtaa rinnan alla,
 niin luoti vain repäisee

Kaaoksen lihaan.

Kuin oksa riipaisee;
kidusten lailla
 repaleiset keuhkot
 huutavat happea.

Sun osuma!
 ...on silmänisku.

Ja sydänten terroristi...

Millä ideologialla rakastuimme? , unohtumatta...

yrität tuhota kipsattuja sydänmurtumia.

Julma maailma,
Pelkkää rahaa.
Piraatti sanoja,
Selän takaa.

Simpukan kuoren
Korvalle kun painaa

Meren kohinaa
Kaikille se lainaa.

Nuotio rakkauden

Kipinä enkelin,
Henkäys sydän roihuvan
Ihan liian turhaa...

Sydän enää täynnä <u>on</u>
Pelkää itse murhaa.

Kyyneleet palon sammuttaa.
Sydän <u>hiillos on.</u>

Tulee talven pakkaset,
Lämmittää pojan ja rukkaset.

Silkin pehmeyttä
        ei kukaan pysty
        kuvaamaan.
Aavistuksen
        – saa huuliltais..

PERHO

Jokainen perhonen
    lopettaa liitonsa,
        Joskus
        Loppuu usko.

Pitkä käärme
        on upottanut kylmän kielensä sydämeen.
Ah, miten kalpeat ovat kasvot!
Vain muutamia hetkiä enään,
        Vielä!!

        – ja kuollut,
                – kuollut koskaan elämältä!!!

KÄTKETTY

Eläimen vaistossa muriseva susi.
Jähmetymme siihen hetkeen,
        suden.
Toisiimme katsomme.
Niin luotu on kahlittu hetki.
Itkevä katse haluaisi läpi.

Metsä peittää kuulon.
Mustuneet linnut lentävät, kirkuvat.
Ennen niin sinertävät; katsovat
Itseänsä. silmiin.

Satanut tuhka heijastuu lammesta.
Pimeyden viimeinen, tunti.
Ei koskaan pääse; perille
Eksynyt. pimeään
.

.

Narahdus.
Murtuu METSÄ.
Iskevät silmää..

Kaikki näkevät kauneutesi,
Sen kylpevän suloisuuden saippuassa.
Mutta sokea mies näki enemmän: viattomuutesi.
Katseli sinua kädellänsä.
Ilon kaivon tunsi hymykuopissa,
Sulaneen pehmeyden huomasi sydämestäsi
            – nähden tuon hetken, kun jätit sen vartioimatta.
        Ja kuin varas yössä vietiin se pois.

Tämä on vain taistelua.
Elämästä, vain kuolemasta.
Kiirastulesta, vain olemassaolosta.
Kosmoksessa nautiskellaan!

Niin monet juoksevat.
Jotka osaavat – ryömivät.
Maan alla!
Hyvin kypsytetty myyrä on herkullista!

Ylikypsä vain halutumpaa.
Käristettynä arvokasta.

Raa'at rakastaa vain raakana!

Taitava saa elävän kiinni!

IKÄVÄ

Aamukasteesi huntu
verhoaa alastonta
        makuuhuonetta –
                kun olet poissa.

                Morsiushuntu,
        kuivuen narulla
huokailee kävellen tuulessa
– surun itkemä.

Aaveen huntu;
leijuen läpi näkyen
        kapassa sängyn
                – yli silmiesi muiston.

Sydän täynnä elämää,
            sinua!
Olit puolillaan onnea,
            minua?
        Täyttyi kuplivaa sydän;
        vuosi, kaksi, yli senkin
                    – pakahduksissaan.

Mutta rikki!!

        Menimme me.
        Ei jätetty toisiamme.

Mutta!   Pimeyttä pelkäsit.
        Jätit yksin. Eksyimme.

Opitko kuuntelemaan;
sydän huokaili tuskaa…
kuiskaili…
vielä…
ja..
edelleen…

            …. ja se vasta sattuu…
                …aina…

LUMIENKELI

Sataa lunta,
kuin valkoista unta,
    tee lapsille lumienkeleitä.
Tee kaikille lumienkeli,
    sinun vartalollasi.
Hetken auringossa; kimaltelet silmissä jokaisen.

Ja kuin lumi,
    sulavat,
        sydämet,
            kosketuksiltasi.

Kynttilä huoneessa.
Ohut kuultava sirppi.
Ympärillä liekkiä; lusikka kuumenee.
Rakkaus! Virtaa ruumiissa.
Haulikon kilahtava klikki.
Hautausmaan ympärillä loputon kynttilämeri.

Huoneen kynttilästä savunoro ilmassa.
Haihtuu rakkaus...

PEDON VANKI

Sä olet verinen.
Se puhdas valkoinen hammas.
Elämän suden suussa ,
viillät syvältä.
Lampaita karsinassa rikkinäisessä.
Taivas saa odottaa silti,
lampaita karsinassa rikkinäisessä.
Hyvyytesi heijastaa takaisin.
Lampaita nuolemaan puhtaaksi,
verestä.
Hammasta särkevä tuska suden on,
suunnaton häpeä ulvoo.

On jo aikainen aamu,
sumu vain tihenee edelleen;
ovat olleet liikkeellä myöhään.
Ja kun niitä on paljon:
siinä sumussa et näe eteesi.
Mutta tunnet henkäyksiä kaulallasi,
ne janoavat vertasi.
Levotonta tuskaa lieventämään.

Raivoava susi
raatelee tieltään kaiken!
Kaulallesi pysähtyy ;
tuoksu häikäisee pimeyden silmät,
kuolema edessäsi säikähtää.

Eläimen vaisto
– vaan haluaa lisää!
Tyydyttää pitää äkkiä ;
sinusta veret vielä nuollaan,
ennen kuin sinua ei ole!

PELOT

Itkevä tyttö, polvistu.
Tapasi pikkuinen, kadutta polvistu.
Tässä maailmassa, mikä pelottaa.
Kokemus elämäsi, pois ajoi.
        – kun mikään elämän viisaus
ei sen pelkoja, jälkeen lapsuuden
        – mustat linnut enää lapsen,
          asosiaalisen.

HAUDATTU 29.01. 2005

Kyynelten läpi väreilee, ne muistot.
    Rauhallinen taivaan sade hiljainen.
      Satoa kukitsee surun.
       Sadon laskostaa.

Oppimista,
    elämä on iloa,
      surua myös niin haavoittuvaa,
       ja heikko silloin olevaa
        lähimmäistä tarvitsevaa.

Ystävää,
    silloin veljeä,
      siskoa surulle sanat eivät löydä
       kättä ojennettavaksi
        – mutta pideltäväksi.

KAKSISUUNTAINEN PEILI

Taivaasta pudonnut enkeli,
	liian nuori, liian nopeasti särkyy
		lasi liian pitkistä kynsistä
			– vihloo, vihloi itseään.

Lapsi jälleen sisällä, iän
	salaisuus odottaa avosylin.
		Enkelin suudelmaa huulilta
			– huulille.

Enkelin lennossa
	= suojaisalla tiellä,
		sinulla ei ole ollut hätää
			– tähän päivään asti.

Vaan peilistä säteilevän tytön
	Todellisuuteen menehtyy
		varma turvallinen
			vaniljainen poutapilvi.

Edes kautta aurinkoisen sydämen
	Aikaan valuu
		lävitse käsien
			hiekkainen sadepilvi

Hymy läpi kyynelten,
    kun katse silmiisi
        saa elämään kalterit.

Sinussa syvällisyys maailman.
Oletko se sinä?
        Vain varjot jälkiäsi jahtaavat.
        Kunnes vajoavat, aistivat hiljaisuuden.

Käy lämmin tuuli morsiuspuvun läpi
        – näkyvä vain naamiaiset rakkauden
            läheisyys pukee ajatukset, oman
            ujoutensa vankina
                romantiikan huora
                vartioi siivilöityneitä ajatuksia

Tien; taivaan niistä rakensit
    parhaaksi palkinnoksi

        omaksi!

            Edessä murtuvat,
            ne jotka mursivat

                sydämen.

Puinen soutuvene
        messinkinauloista rakennettu,
mutta kenelle?
        Jos et ole rakkain
            rakastaa täytyy
            tätä vuotavaa venettä.

        Jos teeskentelet,
            vuodat itse
            sekoittuen kylmään veteen.

Pelkää jokainen tapaa soluttautua:

Soutaja sinun viimeinen tehtäväsi!
        Johon suostuit;
            olet vanhentunut ikinuori.

        Itse oppinut ylpeys
            – johon tiedät vastauksen
                viimeiseksi,

                    toiseksi viimeinen

                lankeaa syvemmälle

        mutta minne?
            Omaan sieluunsa!

Pimeät enkelit

Pystyyn kuollut mänty.
    Ja oli siellä muitakin.
Vehreää ruohoa,
    kalliota
        – vihreää sammalta päällä.

Oli sen kuolleen lisäksi
    toinen kuollut.
Pystyssä silti
    – ainakin vielä.

Ihminen on julma
    – tai siltä se tuntuu
        – ja onhan se!
Kun lehdettömän koivun ei anneta itse kuolla.
    On se sentään soturi
    – sankaritar

Männyn oksilla kuitenkin rakkaus;
    kaksi kyyhkystä kaulailevat,
    siivillä hellivät.

Ihminen osaa rakkautta riistää.
    – Kuolemaa nenästä niistää

        Armomurha.

Oli päivettyneellä iholla kuuma
        nalle.
        Ajan lasi sekä koko lasi.

Ja ihmiset nallen sen; jo junassa huomasivat,   olevan.

Yö vettynyt iho   hiili nalle
lähemmäksi ihoa, vilkaisi taas,
kovemmaksi muuttui se,   peili jäätyi.

Ei kukaan   mitään muuta   kuulleet,
        nähneet kun
            iho sulautui
                liukeni nallen päälle
                        siksi yölliseksi.

Niin maireaa,
        kun edes kerran matkallaan,

onnellisen   nöyränä   lattialla,

sen ihon   silitystä saa
        myös hiukset,   päivälliseksi

                        – asti

Kieroimmat miehet, naiset
        ja korkkiruuvin spiraali.
Korkanneet jo, joskus
        aina vain poikuus mielessä
                mielessä jäisessä
                        on avanto.

Tai ainakin sulaa vesi
        heikon jään alta.

Taito on luistelijan
        elämässä kevät
                perhoskuvioitu olo
                        muodossa kevyt
                                jää kantaa.

Orittareimmat naiset, miehet
        Yli harjaksen suitset.
Valjastettu nyt, vasta
        koko ajan neitsyys
                sydämessä kuumassa
                        ei sula.

Ellei sitten jähmety laava
        tulisen sulan pinta.

Oppi on ratsastajan
        kuolemassa syksy
                hevosraipattu mieli
                        rivissä raskas
                                harjanne uupuu!

Lapselle

Sä olet kultasiipi – vanhemmille
kaikkein silmissä kaunein.
Mutta kirkas.
Ja aina , ja kun… silmät sulkeutuu
tai   suljetaan…

– verkkokalvomme heijastavat vain sinua.

UNELIAS ENKELI

Aamukahvi on mustaa – ja aurinko niin valkoinen.
Yhdessä ne muodostavat kuultavan verhon tänne.
Herätä ikävään,
ei vaan harmaaseen
                – on jo aikaisempaa
                                aikaisempi aamun herätys.
Harmaata on edelleen, kun ikkunasta katsoo.
Kahvimuki kädessä.
Verhon raosta.
Heijastus lasista on
        nukkuva sinä.

Ruusut ovat pyhiä.
Silloin kun lähden sotaan.
Ei yksikään miekan viilto.
Vuodata vertani.
Yhtä paljon.
Kuin kuihtunut terälehtesi.
Jos en saa sitä kiinni.

Sinä olet poissa.

Ja minä jäin yhä tänne.

Vain yksinäistä, kun sinä rakastuit.

Vaan kaksinaista.

Näen sinut yhä, mutta maailmasi on ihanampaa.

Kunnes kerran tulit takaisin.

Toteamaan : – tämä sinun kuollut maailmasi,

taivas meille rakkauden siipirikoille.

Kuohuu rakkauden nälkä
        sylissä iän ,   sisällä in   side of her

Rakkaan rinnalla,
        – katoaa jo peili

Kasvaa pedon vietti
        aistis' ain ;   mielessä in   side of him

Rakkaus rinnassa,
        – peilin kuva syventyy

Hehkuva herkkyys sinussa.
Lepattaa sydän liekki ihoa lämmittää.
Miten lähestyä sinua rakastamatta sormiaan?
Palaen, siivet polttaen, halusta.
Ken enää sylistäsi lentää vois pois.
Miten tunnustella polttavaa, kun on jo itse liekki.
Miten lähestyt minua – olen jo hehkuva herkkyys sinussa.

Sydämesi ydin,
Murtaa järjellisen mielen muuria.
Vaihdetaan tyynyjä.
Hiustesi tuoksu,
suodattaa painajaisia

.
.
.

... ja hius..
on uskollinen tyynylläni.

Hiukset rakastavaisia sängyssämme!

Ja kun niitä on aivan tuhottomasti!!
putkimiehen uskollinen on hellä,
kosketus rakastavainen.

Kodittomalle...
häkin ovi helähtää.
Lapsen kädessä triangel,
        kaikuu, värisee...
Vieno vapina vanhuksen,
on syntynyt vasa jaloillaan.
Halaus on kolmen enkelin,
        aivan kuin yksi syleily.
Viisi sulkaa leijuu pehmeästi maahan
        – kaikkien unelmien eteen.
                Eräällä vielä annettavaa
                ... kodittomalle.

HELMEN SYNTYMÄ

Oi, vain vaalea simpukankuori.
Vain odotat, odotutat suojellen..
Itseään, sisäistä helmeä ujostuttaa, hävettää.
Kovassa kassakaapissa kauniissa,
kiiltävän kilven takana sileä,
siveä
– ja pehmeää.
Se hiekanhippunen...
odotuttaa maailmaa...
vartioi, myös kutittaa.
Sillä maailmaa, kärsimättömästi, odottaa aina ,
seuraa sokeasti
– uutta auringon pimennystä!

Nukun taivaan alla.
Jotta näen silmäsi uudelleen.
Nuo kaksi tähteä.
Kirkkainta, puhtainta –
        kaikkien muiden seassa.
Heijastaen totuutta;
        miksi olen täällä.

LATESTAR

An angel's smile on your lips.
It shines like a silver sky.
Within your smile;
      my heart feels like
      a little bit less sadness.

Makaan.
Nousuvesi huuhtelee rannalta.
Kellun.
Vaahto pesee hiekasta.
Kunnes pinta rikkoutuu,
imee syvyyksiin.
Kuplat kihelmöivät kasvoissa.
Kosteita hiuksiasi ravistelet.

Tuoksuva outo kukka.
Tuoksuu katsoen iltaan
ja odottaa rakkautta.

Rikkaruoho sydämensä heitti
yölliseen metsään
ja kaikki männyt, koivut, kuusikot.
Kitkerä katajainen – jo lahonnut tammi!
Kuussa vasta!!
Huudettiin nimeäsi,
etkä kuullut kuiskaustakaan..

Joku jo rikkaruohon
kitkenyt oli pois.

Enkelin vaniljaunen
tuoksu (sinussa).
        Kasvoille poikuuden puhaltuu.
        Kuolevan sotilaan rukous tuoksuu hänelle.
            Olevainen aavistus?
            Vain hänessä osaa pohtia..
Taivaan sateessa lämpö,
  on juuri aukaistu tuoksu.

Kahlaan kaislikossa,
                sumussa,
sielusi ympäröi minua
                kuin kaislikon sumu –
ajatukset leijuvat sinussa.

Tiivistyvät pisaroiksi silmäripsiisi.
                Putoavat – kuin itkisit.

suojaisa SYDÄN

Voi, lyhde..
Liekkisi polttaa tänne asti.
Ei sitä voi tukahduttaa,
Mutta uskallan hieman puhaltaa.
     Näetkö varjojen tanssin seinillä?
     ne sinulle tanssivat -
     sinun sydämellä,
         tuhkaista
         eroottista
           tanssia.

Tuulia

EI isla   mies   puoli
         – kas soida
                  dee duurissa
                    puhaltaa huilua

niin kauan...
     eivät tavoita   niin kauas   kuitenkaan

      liian lähellä   tuulia
         niin lähellä tuuli(a)

      kuin uni
         mutta niin on...
             syvä
        että on   vapauttavaa...

Kuinka vapauttavaa pyyhkäistä tuulen lailla.
Alastonta maata.
Nyt voin puhaltaa vatsasi ihoa.
Olen tuulesi.
      Millä tuulella -
      korvalehtesi henkäys,
      lehtipuiden kuiskausten salaisuus,
      huokaus hiuksissasi?

VAPAUTTAJA

_______ON maailma kaunis paikka.
SINUN kauttasi katsella.
Silmänsä sen välkkyvät kirkkaammin.
Kuin puolustava miekan terä.
Heijastus sen,
        luomensa kiinni pitää,
        kun muut sokaistuu.

Mari.ka – san

<u>Itke minulle joki.</u>
Itke, jotta joku muu jaksaa –
uida takaisin luoksesi.
Miksi jätit meren aamuisen tuoksun?
Äkkiä se tuoksu, pohjaan painuva kivi, olen.
Joka rikkoi niin kaunista kristallia + auringossa purppuraisen
            – kuvamme.
Erkanevat renkaat todistavat,
Kun rakkaus pidättää hengitystään
            = ikuisuuden.

RAKAS

Rikas.
Olen niin köyhä,
Että lainan nöyrän
– kaverilta rahat täyden kuun vuokraan.
Silti tällä hetkellä,
niin onnellinen.
Saan seistä alastomana ikkunassa.
Ja katsella puolikasta kuuta.
Kaikessa rauhassa.
Miettimättä.
Riittävätkö rahat edes sen sirpin lasisen : omistamaan?

AURINKO

kuun lapsi.
Äiti lepoon lepoon laskeutuu.
yöllä leikkiä lapsen, ei kukaan omista
Aikuiset leikkivät omiaan.
ellei lapsen uni heijastaisi kirkkauttaan
– alkulähdettä. Maan päälle.

kerran kuussa,
levossa suo   jälleen luo,   suojan
oman turvallisen Luojan.
Lapsi on täysi, Täydellinen!
niin se elämä menee, kuluu,
kasvaa, kuolee, syntyy

se saa Minut levottomiksi.

Kuolema kelluu
tukehtuneessa kärpäsessä
olutlasissa.
Sen mustat jalat
ja karvainen vatsa.
Heijastuu suurempana
pinnan alta.
Sen viimeinen kirous.
On painajainen.
Siellä sen oluesta
vettyneet keuhkot.
Hengittää taas.
Siivet suristaen,
korvissa in
side@myenemies.com

(osa I)

Joskus joutuu
    – ja juuri tänään,
        sekä yhä vaan, uudestaan ,
         ihan aina vaan.
           And Fore! ever
             forbidden
               Forever!
                 Young

OSA II

        Halaamaan miljoonia tyttöjä
    Ja triplasti enemmän äijiä.
– ihan ilman kyyneltä.

    Kun taas (yhdestä) kullastain
– itken sex[spe^r(m´e)]lastin aina vain
vain*sinust*ain

51

Pisaroina aamunkoitos on
        Jäärailon päässä sydän
                Vasta jäähtyy
niin kylmää on
        kotona
kun käännyt minuun

suutelen sinuun
        suojelen sinua ikuiselta
                pahalta
kun kukaan
        ei tunnu ottavan vastuuta

paitsi laulukuoro
        haudalla lasten

kun jätän hänet tästä
                maailmasta
pelastaen sinut

murhalta vapauden

ainoa aito
        olet kiirastulessa, kiireinen

juoksemalla omaan itseesi
        helvettiin!
                Täältä

Kylmentyneessä vesisateessa
     Pakkaan minä
          Tappaja koneistoa
Autosi sinun
     Takaluukkuun

          Surullista

Kun elämä on vain
     konsoli peli!

Jossa
  Lapset siirtävät aikaa
          samettisella revolverilla

mustan tuhkan Pa.m. – laukaus
     peittää auringon
                    kahleet
vihainen tuolissaan
on itse Valo!

          Kynttilät palavat
               Pöydällä
sytyttävät tuolit,   kaikki

Atomipommi   kukassaan
     – jälleen.

Sotia?
     Anna palaa!

Ruman kukan puhkeaminen
        tuottaa ikuisen
                lannoitteen
        ihmismieleen

musta on oleva mieli, sairaalassa voittajat

        – itse kuningatar
                musta lammas

Minä hellästi
        keritsen
                liian korkealta pudonnutta.

Tekaistu pyhä
        heiluttaa sormeansa
        Heilutan hänelle omaani

                sadon yksinäisyyttä korjaan
                valehtelija => tyranni
                mikä on erosi?

                yhteisöllisyys
                        nostaa kättänsä
                        ikuisesti

Manalan suun hyydytän
        ihanaksi kiisseliksi
        mistä tykkäät?

        Kaadan sen
                mansikkaisille
                        rinnoillesi,

nuolen,
Olet jää,tee,lö.

Pidä minua –
poissa valosta
– tai ainakin
nuole
se
minusta
pois.

Ennen paleltumista,
jää//dyke and dive
sydäntäni sulattaa

paineet sinä hallitset minun
jälkeesi helpottaa…

kaikki,
kaiken kuulemani orja
kaikista tulee itse
pelasta siis itsesi

– juuri sillä murhalla
, kun revin sinut niistä
irti.

Ja koska rakastan,
istutan sinut uudelleen.

Et vain keväisin – aina!

Olet kaunis puhkeava.

Kestät kaikki nuppineulat, koskee,
        jotka
                yrittävät
puhkaisevat silmänsä.
Ja kävelevät päin viisasta
haahkalintua;
kaikkein ruskeimmat näkevät kastanjoista nälkää.

Ja minä perässä
        – myrkkyä veressäni
myrskyn ratsastaja
        tappaja tielläni
                eivät tunne
                    tunteita
                        tunteitani
                            tunnustelen
        tuntikausia   kaudet   syys

                    myrskyn

        ohjastamat   6in   my   road

        käytän
            hyväkseni
                    hyvään
        tarkoitukseen   hyvästi!

                            Myrsky

kun   kätesi   rintaa   koskettaa

Älä soita minulle
            muistuttaaksesi
                        sinusta.
Se voi satuttaa minut
       kyyneliin.

   Ja voi,   kun se
       vasta kapealla niin
                  tekee kuun sirppi
    – viiltää hitaaseen kuolemaan.
Ennen kuin tuulia
                  puhaltelee minut itään.

Kuolen loputtomiin unelmiin,
                        muistoihisi,
       aina kun muistan.

Sinun paahtamat leipäsi,
            olivat   kiistettyjä
                            terveyttä
                            mielellä
                               ni
                            mielen
                            terveyttä
                            hoidan
                   paahtoleivällä.

Jolla teloitat
      itsellesi minut.

    Ja yhä uudelleen
                    – menen kylpyyn

  jonka itse itken yli
              äyräiden.

      Virkani   ainoastaan
    mittailla madon
      kanssa tätä
    kilometri tehdas-
      maailmaa.

Niin pitkälle – bunkkeriin
                  viimeiseen turvaan
                        on itse murhan
            paikka!
                  Varaluoti on
                      heikoille.

    Minulla! – ikuinen lipas,

      Jota   tarjoan   kenelle

          vaan
                  haluavat

        kaikki!

Kieltäydyn kaikesta –

           paitsi pilkahdusta

sinusta.
      Oma tähtikuvio olet –

Otavan lisäksi,
      ja sen
          keskellä –
varsinkin yläpuolella
      kirkkain olen minä:

sinun rakastama saa kaiken
      sen ylös!

Hyödytön
    – ellet ole rakastavaiseni.

Nimetön –
      istuva poliisi-tikko,
         tikkana

      minä poltan vaikka nahkani
selästä
      sinä pakahdutit järkeni.

Päivystys
      on oma
   penis.
        Jonka neuvoja
          pitäisi
            kuunnella.

Vaan kosketus taivaan
        saa auringon nousemaan

        – ja enkelit nauramaan
                demoneille.

                Synkän   sade/pilven   takaa
                nousee sateen/kaari.

Se   on   aina   ne-on,
        ne on ei-n on
                kuitenkin

        Rakkaus –
marraskuun   sateen.

        Kun huomasin
Sinun silmäsi kameleontein
        Vaikka
                Vuotaisivat ikuisesti rakkauden synkkyyttä.
                        Älä pelkää rakastaa,
                Se on niin kylmä,
                        Tiedämme.
Mutta silmäsi kyynel sade on aina, ikuisesti lämmin kesä-
                                        Sade.
        Kuin suvi.

ENSIMMÄINEN ...

En enään koskaan tanssi kanssasi.
    Musiikin hiljaa liuetessa pois,
        kuolen itse minäkin.
            Mustana mielenä minä lennän kristallipalloon.
            Se hoivaa, hohtaa muistoasi muille.
                Istahdan sinuun – ja sinä vielä,
                    silti pyörität minua, pääni sekaisin.
                        Muiden keskittyessä toisiinsa:
                            Keskityn hyvään olooni.
                                Sydämen lyöntien
                                    tyhjään
kuolemaan.
    Leijun, voimani ehtyessä..
        Muiden tanssikorot nostan ylemmäksi.
            Katso minuun, lentäessäni tyhjyyteen:
                Täyttymykseen jonka täytit.
                    Toivon sadetta, mutta en kuitenkaan,
                        haluaisi sataa alas.
                            Ilman säteitäsi auringon.
                                Olen kristallia sade-
pisarassa.

Ja tämä ryhmyinen kulli
    ei tarvitse
mainosten suojaa,
    piilotan sen
                vain
huvikseni lompakkoon
        – jossa ei ole varaa!

kuin rehellisyyteen,
    joka vanhentuu –
            aikanaan.

    Kaikkein   rakkain   saa
        aitoa ;   haluamaani,
    haluamaansa.

On niin vaikeaa
    olla itseni,
    mutta   ei   teillä-kään
        ole liian myöhäistä!

    Tarvitsen teitä
        Vähemmän –
            Vähemmän,
            Ja aina vain ...

            VÄHEMMÄN.

Olen itse paratiisiin matkalla ...
Kastelen siellä kuolleita ..
Jotta puhkeavat siellä .
Sydän pakahtuen ,,,
Odottavat ,,
Rakasta ,
          Rakkain   on
                    Äiti !

          Jota en malta nähdä täällä.

          Ikävä viiltää ranteita kun,
       olen kahlittuna sängynpäätyyn;
          onnellinen – hetken.
          Ja muistelmat jättää,
                tummat.
          Niin rakastan, että
          rakastelen äitiä.

Törkeä paskiainen, ko?
        katkeraa makeaa,
                sain jo rinnoistasi.

Maitopoika jakaa
                pullotettua
        kotiovelle asti.

                Helähtää ·········

Ovikello kuin

        ette uskalla
                avata.

                Katsoa kun sadepisarat
                        tanssivat.
                Rosvorotta kun et uskalla!

                        Olet silti niin kostea,
                        märkä tanssijatar,
                                hiukset tuoksuen
                        taivaalliselta valta! Mereltä ...
                                        Saanen sukeltaa?
Oveni läpi.

Kastele kukkani kuihtunut, hiustesi kosteuden pisaroilla.
        Pyhä sukeltaja on sukeltanut minuun –
                        ja nyt vasta
                näen timantin (sinä) [sinua]
                minä hieraisen hieno– ja silmälläni
                        rakastelen ..
                        mutta -varoen ...

vaikka sokeana ymmärtäisin
ihoasi paremmin,
parhaiten.

Etkö näe mitään   mitä
mitätöin
jälkeesi
tästä sydämestäin
sinun/minun
Ah... yhdessä...
edes pusun poskareita
olen harjoitellut
varteni
varten
sinua
elän leskenä
kävellen kengissäsi
olen turta
mutta haluan tuntea
puristuksen sinun
kunnes sovin kenkiisi.

Tiedän kärsimys,
auttaa lähentymään
sinua.

Ja kenkäni ovat kuin omani.

MERKITTÄVÄ KYKYÄ ylentävä TYÖ

Kaksi pariskuntaa etsimässä toisiaan.
Tukahdutetin sen:
     kaksi paria, kuntaa kadonnutta – jota ei ole olemassa;
etsimässä,
     sisäistää kauneutta rakkautta, jota ei löydetä –
enää vain tukehdutetin sen.

Kun lähden sotaan
            kustantajat
                    ovat kohta

kuolevat tähdet,
        liian yli mielen,
heidän tarkkaavaisuus
onkin tähtäimessäni.

Ainoastaan seitsemän luotia
        lippaassa
                – jäljellä, riittää.

Sammuu ylimielisyys prikaatin
        ylivoima
                – ja muut jättävät
                        yhden loukkaantuneen.
Ja hinta on kaksi
        loukkaantunutta.

            Vihainen vs. haavoittunut.

        Kokelas vastassa pikku päälliköt:
            siellä olikin kaksi
                jäljellä...

        jotka sotilaalliset miehet päättivät
                jättää...

Olin armelias
        teloittaessani seitsemän
        tähden kenraalin.

Rauhaa myyty; kolmas kerta! –
        Helvetti hyvitetty.

        Väärä tuomio, +
        Päivä koittaa.

                Tarvitsin
                korsussani aikaa
                        miettiä...

        lääkintä mies tilattuna
        hoidin WS sotamiestä vuotavaa...

        samassa veneessä toistaiseksi
                – taidan hukkua

        vereensä veneensä
        venessä veressä
        hänen häntäänsä
        hänessä häntään, iskeydyin
                – laskeuduin,
                        sukelsin: kun kiipesin.

...TAIVAS

En enään koskaan tanssi kanssasi.
Musiikin hiljaa liuetessa pois,
kuolen itse minäkin.
Mustana mielenä minä lennän kristallipalloon.
Se hoivaa, hohtaa muistoasi muille.
Istahdan sinuun – ja sinä vielä,
silti pyörität minua, pääni sekaisin.
Muiden keskittyessä toisiinsa: keskityn hyvään olooni.
Sydämen lyöntien tyhjään kuolemaan.
Leijun, voimani ehtyessä...
muiden tanssikorot nostan ylemmäksi ylös.
Katso minuun, lentäessäni tyhjyyteen:
Täyttymykseen jonka täytit.
Toivon sadetta, mutta en kuitenkaan, haluaisi sataa alas.
Ilman säteitäsi auringon.
Olen kristallia sadepisarassa.

Sillä hetkellä
    kun minusta
        elämä puhkottiin,

    aurinko laski nopeasti   tippui.

Voin vielä suudella pois.
Sinun tuskasi.
Voit saattaa minun henkäykseni.
            Sinulle se on enää kaunis tuoksu,
                Joka saattaa minut pois täältä.

Tarraan siihen,
kun hiljaa katoan.

Minulla on erittäin lämmin.
Juuri nyt.

Näethän sen laajentuneista pupilleista,
    jotka katoavaista yrittävät nähdä.
        Sinusta viimeisen muiston
            mieleeni peilasivat.

En   jaksa_isi enää tapella,
        mutta sota ei ole
    minun käsissäni

    , enää .

    Kun vihollinen koki oman
        kuoleman luonnollisen

    , pistimestä –

sodan jälkeen vannon
        perus_tavan yhtiöni yksiööni oman
        osakkeen ravinnerikkaan

                jumalaiseni.
                Pretty jumalatar...

                Ota huuleni pehmeämpiin
                huuliisi.
                Kirsikka puunhedelmiä -kö

        olet maistellut?

                kun en tiedä paremmasta..

    rakas, rakkain, rakkaimpani ;
        opeta minua lisää rakastamaan

        lisää, jopa isää – sinä äitini

olenhan molempia

– ja rakastunut

ts. kaikkiin,
        kaikkea
            ja aina vaan
ikuisuudesta toiseen
        – sinun uniin,
        unelmani
                .
                    .
                        .
                            .
                                .

                            . ….musta kahvikuppini,
                                    valkoinen on sylkesi

Olet niin viileä minulle:
sinun tammikuinen järvi.
Nuo luonnon siniset silmät
ummistuvat talvisin.
Henkäyksesi huurretta.
Jäänsiniset silmäsi,
avanto mieleesi.
Hohkaavat huulesi
tarttuvat kieleeni.
Henkäyksesi jäälleen,
tarttuu ripsiini
hilettä.
Silmänräpäyksen hetken;
lasten lumihiutaleita.

...VAI HALUATTEKO LISÄÄ?   (aplodeja kuule en..)

[kaksi samanlaista ovat(kin) sitten(kin) täysin eri laista...!]

rami laine